Lukas Weber   Daniel Murillo

Die Ostergeschichte für Kinder

Einfühlsam & verständlich nacherzählt

Das ideale Geschenk zu Ostern
mit den wichtigsten Fragen und Antworten

Liebe Kinder,

jedes Jahr zwischen dem 22. März und 25. April ist Ostern. Bestimmt habt ihr schon einmal Ostern gefeiert. Vielleicht habt ihr hierfür Eier bunt bemalt oder etwas Schönes gebastelt. Und es hat bestimmt viel Spaß gemacht, nach Schokoladeneiern und anderen Süßigkeiten zu suchen, die der Osterhase für euch versteckt hat.

Aber wieso feiern wir eigentlich Ostern?

Ostern wird von vielen Menschen gefeiert, weil Jesus, der Sohn Gottes, vor langer Zeit gestorben ist und drei Tage später von den Toten auferweckt wurde. Was das bedeutet, erfahrt ihr später.

Das zeigt uns, dass das Leben, die Hoffnung und die Liebe stärker sind als alles andere. Deshalb gibt es beim fröhlichen Osterfest so viele bunte Sachen wie Eier und Blumen, die für neues Leben stehen. Dieses Buch erzählt euch die Geschichte von Jesus' Tod und Auferstehung.

1. Jesus, der Wanderprediger

Vor langer, langer Zeit wurde in Bethlehem ein kleines Baby geboren. Viele Leute nannten es „das Christuskind", weil sie glaubten, es sei etwas ganz Besonderes. Das Kind wuchs mit seinen Eltern und den jüngeren Geschwistern in der Stadt Nazareth auf. Das Christuskind, das einst in der Krippe lag, war nun also ein Mann geworden: Jesus von Nazareth. Als junger Mann arbeitete er als Handwerker. Doch mit etwa 30 Jahren begann er, als Wanderprediger von Ort zu Ort zu ziehen, um den Menschen zu sagen, wie sehr Gott sie liebt. Weißt du, was ein Wanderprediger ist? Das ist jemand, der unterwegs ist, um anderen etwas beizubringen. Die Menschen hörten Jesus gern zu. Er erzählte ihnen, dass Gott nicht nur die Reichen und die Gläubigen liebt, sondern auch die Armen und die, die niemand mag. „Ihr könnt euch freuen", sagte Jesus, „denn Gott liebt auch euch!" Manche Leute dachten, nur die, die viel beten und immer alles richtig machen, könnten von Gott geliebt werden. Aber Jesus wollte, dass jeder versteht, dass Gott alle liebt – auch die, die Fehler machen. Er erklärte den Leuten, was es bedeutet, „barmherzig" zu sein. Das heißt, anderen zu helfen, nett zu ihnen zu sein und ihre Fehler zu entschuldigen. „Seid barmherzig, so wie auch Gott barmherzig ist", sagte Jesus oft. Er ging auf die Menschen zu, hörte ihnen zu und sprach mit ihnen auf eine Weise, die sie verstehen konnten. Viele folgten ihm, weil sie spürten, dass er ein besonderer Mensch war, der die Liebe Gottes ganz nah brachte.

2. Die Priester sind wütend auf Jesus

Schon bald war Jesus überall bekannt. Die Menschen erzählten sich, wie besonders er war. Manche sagten, er könne Dinge tun, die sonst niemand kann: „Er geht auf dem Wasser! Er verwandelt Wasser in Wein! Er heilt Kranke!" Wenn Jesus sprach, hörten ihm viele Menschen zu, weil seine Worte ihnen Hoffnung gaben. Jesus wählte zwölf seiner besten Freunde aus, die ihm immer folgen durften. Diese Freunde nannte man Jünger oder Apostel.

Aber nicht alle mochten Jesus. Die Priester und religiösen Lehrer, die den Menschen von Gott erzählten, waren wütend. „Er sagt Dinge, die nicht stimmen", behaupteten sie. Sie hatten Angst, dass die Menschen Jesus mehr glauben würden als ihnen. Jesus sagte den Leuten: „Gott liebt alle Menschen, auch die, die Fehler machen oder ausgeschlossen werden." Aber die Priester dachten, dass nur die, die beten und viel spenden, von Gott geliebt würden. Sie wollten Jesus aufhalten, weil sie fürchteten, dass die Menschen ihm mehr folgen würden als ihnen.

Die Leute erzählten sich immer mehr von den Wundern Jesu. Er hatte Blinde geheilt, Lahme wieder gehen lassen und sogar Tote zum Leben erweckt. „Dieser Mann muss von Gott gesandt sein!", sagten viele. Doch je mehr die Menschen Jesus verehrten, desto mehr fühlten sich die Priester bedroht. „Wenn das so weitergeht, werden wir unsere Macht verlieren", dachten sie.

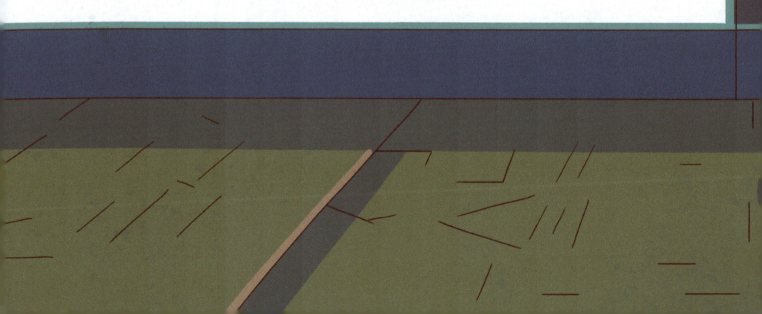

3. Jesus reitet auf einem Esel zum Passahfest

An einem besonderen Tag, der heute Palmsonntag heißt, ritt Jesus auf einem Esel nach Jerusalem. Jerusalem war eine große Stadt, die für die Juden besonders wichtig war, weil dort ihr heiliger Tempel stand. Der Tempel war ein sehr schönes und besonderes Gebäude. Die Menschen glaubten, dass sie dort Gott besonders nah sein konnten. Nur die Priester durften in das Innere, weil dieser Ort heilig war. Sie beteten dort für die Menschen, damit Gott ihre Bitten erhört und ihnen ihre Fehler verzeiht. Dafür gaben die Menschen den Priestern Geld, denn sie wollten, dass Gott ihnen hilft und ihre Gebete hört. Viele Menschen kamen jedes Jahr zum Passahfest nach Jerusalem. Dieses Fest erinnerte sie daran, wie Gott sie einst aus der Gefangenschaft in Ägypten befreit hatte. Auch Jesus wollte das Fest mitfeiern. Als er auf seinem Esel in die Stadt ritt, jubelten die Menschen ihm zu. Sie freuten sich, ihn zu sehen,

weil sie gehört hatten, dass er vielen geholfen hatte. Manche Menschen legten Palmzweige auf den Boden, andere legten ihre Mäntel aus, damit Jesus darüber reiten konnte. Sie riefen: „Gesegnet sei er, der im Namen des Herrn kommt!"

Die Priester und religiösen Lehrer beobachteten das und wurden noch wütender. „Er tut so, als wäre er ein König!", sagten sie zornig. Aber die Menschen jubelten weiter. Sie sahen in Jesus einen Retter und freuten sich, dass er gekommen war, um mit ihnen zu feiern. Kinder liefen neben dem Esel her und winkten mit Palmzweigen. Alte Menschen standen am Straßenrand und schauten voller Hoffnung zu. „Ist das der Retter, den Gott uns versprochen hat?", fragten sie sich. Die Freude war groß, und viele fühlten, dass Jesus etwas Besonderes war.

4. Judas geht heimlich zu den Priestern

Die Priester und religiösen Lehrer in Jerusalem hörten, dass viele Menschen Jesus verehrten und ihn wie einen König feierten. Das machte ihnen Angst, denn sie wollten nicht, dass jemand mächtiger war als sie. Aus ihrer Angst wurde Wut, und sie beschlossen, Jesus aufzuhalten. Aber sie hatten ein Problem: Sie wussten nicht, wie sie Jesus fassen sollten. Einer seiner Jünger, ein Mann namens Judas, war enttäuscht von Jesus. Warum, wissen wir nicht genau. Manche denken, dass Judas gehofft hatte, dass Jesus ein mächtiger König wird, der das Volk von den Römern befreit. In Jerusalem lebten verschiedene Gruppen, von denen die Juden die größte Gruppe bildeten. Aber die Römer hatten die Stadt besetzt und waren die Herrscher, während die Juden oft unter ihrer Kontrolle und ihren strengen Regeln leiden mussten. Die meisten Römer lehnten die Juden ab und behandelten sie schlecht. Aber einige wichtige Priester hatten sich mit den Römern angefreundet. Sie wollten ihre Macht über den Tempel behalten und arbeiteten deshalb mit den Römern zusammen. Viele Juden wünschten sich jemanden, der sie stark und frei macht. Doch Jesus wollte keinen Krieg führen. Er wollte Frieden bringen und die Menschen lehren, einander zu lieben. Das verstand Judas vielleicht nicht, ging deswegen heimlich zu den Priestern und sagte: „Ich weiß, wo Jesus ist. Ich kann ihn euch zeigen." Dafür boten die Priester ihm 30 Silbermünzen. Judas nahm das Geld und sagte: „Der, den ich mit einem Kuss begrüße, ist Jesus. So erkennt ihr ihn." Die Priester waren einverstanden. Jetzt hatten sie einen Plan, wie sie Jesus festnehmen konnten. Judas war unsicher. Er hatte gehofft, Jesus würde ein mächtiger König werden und die Römer besiegen. Aber Jesus sprach immer von Liebe und Vergebung. Judas verstand das nicht. Er dachte, dass die Priester schon wüssten, was das Beste sei.

5. Das letzte Abendmahl

Am Abend vor seinem Tod saß Jesus mit seinen zwölf Freunden zusammen. Sie waren versammelt, und die Stimmung war besonders. Jesus ahnte, dass er bald sterben würde, und wollte seinen Freunden noch etwas Wichtiges sagen. Bevor sie miteinander aßen, stand Jesus auf. Er holte eine Schüssel mit Wasser und ein Tuch. Dann kniete er sich vor seinen Freunden hin. Einer nach dem anderen streckte die Füße aus, und Jesus goss etwas Wasser über ihre Füße, wischte sie mit seiner Hand sauber und trocknete sie mit dem Tuch ab. Seine Freunde waren überrascht. Jesus sagte: „Ihr nennt mich Lehrer und Herr, und das stimmt. Aber wenn ich, euer Herr, euch die Füße wasche, dann sollt ihr das auch füreinander tun." Füße zu waschen war damals eine Arbeit, die fast niemand gern machte. Oft mussten Sklaven das tun. Die Menschen trugen damals Sandalen, und ihre Füße wurden auf den staubigen Straßen schnell schmutzig. Während des Essens nahm Jesus dann Brot, brach es in Stücke und sagte: „Das Brot ist wie mein Leib, den ich für euch hingebe. Wenn ihr davon esst, denkt an mich." Danach nahm er einen Becher mit Wein und sagte: „Dieser Wein ist wie mein Blut, das ich für euch vergießen werde. Trinkt davon und denkt an mich." Die Freunde waren verwirrt. Sie verstanden nicht, was Jesus meinte. Doch er erklärte ihnen, wie wichtig es ist, einander zu lieben und sich gegenseitig zu helfen. Die Freunde waren gerührt, aber auch traurig. Sie spürten, dass etwas Großes bevorstand. Jesus sprach von seiner Liebe zu ihnen: „Ich werde euch nicht allein lassen. Glaubt an Gott und glaubt an mich. Ich gehe weg, aber ich werde immer bei euch sein." Diese Worte blieben tief in den Herzen seiner Freunde, auch wenn sie noch nicht alles verstanden.

6. Jesus sagt voraus, dass ihn jemand verraten wird

Während des Essens wurde Jesus traurig. „Einer von euch wird mich verraten", sagte er plötzlich. Die Freunde waren schockiert. „Wer würde so etwas tun?", fragten sie durcheinander. Jesus wusste, dass es Judas war. Doch er sagte es nicht direkt. Judas saß still da und fühlte sich unwohl. Später verließ er die Gruppe und ging zu den Priestern, um den Verrat vorzubereiten. Jesus wusste auch, dass Petrus, einer seiner treuesten Freunde, ihn in der Nacht verleugnen würde. Als Petrus sagte: „Ich werde dich niemals im Stich lassen!", antwortete Jesus: „Noch bevor der Hahn morgen früh kräht, wirst du dreimal sagen, dass du mich nicht kennst." Petrus konnte das nicht glauben. Er war sich sicher, dass er immer zu Jesus halten würde. Trotzdem sprach Jesus voller Liebe zu allen: „Habt keine Angst. Auch wenn ihr mich nicht sehen könnt, werde ich immer bei euch sein." Die Freunde waren nachdenklich. Sie spürten, dass etwas Schlimmes geschehen würde, aber sie verstanden noch nicht, wie wichtig das alles war. Jesus schaute sie mit viel Liebe an und bereitete sich innerlich auf das vor, was kommen würde.

7. Das Gebet im Garten Gethsemane

Nach dem Essen ging Jesus mit seinen Freunden in einen Garten, der Gethsemane hieß. Es war eine dunkle und stille Nacht. Jesus war sehr traurig. Er wusste, dass bald etwas Schweres auf ihn zukommen würde.
„Bleibt hier und wacht mit mir", bat er seine Freunde. Dann ging er ein Stück weiter, kniete nieder und betete: „Vater, wenn es möglich ist, nimm diesen schweren Weg von mir. Aber nicht, was ich will, sondern was du willst, soll geschehen." Jesus hatte Angst, aber er vertraute darauf, dass Gott bei ihm war.
Als er zu seinen Freunden zurückkam, waren sie eingeschlafen. „Könnt ihr nicht einmal eine Stunde mit mir wachen?", fragte er sie. Doch sie waren müde und schliefen immer wieder ein. Jesus fühlte sich allein, aber er wusste, dass Gott ihn nicht verlassen würde.
Seine Freunde wachten auf, als sie plötzlich Schritte hörten. Judas kam mit Soldaten, die Jesus festnehmen wollten.

8. Judas verrät Jesus

Judas war einer von Jesus' engsten Freunden gewesen, doch nun hatte er sich entschieden, ihn zu verraten. Damit die Soldaten sicher wussten, wer Jesus war, hatte Judas ein Zeichen ausgemacht: „Der, den ich mit einem Kuss begrüße, ist der, den ihr festnehmen müsst."
Judas trat vor und gab Jesus einen Kuss auf die Wange. „Freund, warum bist du hier?", fragte Jesus ruhig. Judas konnte ihm nicht in die Augen sehen. Die Soldaten ergriffen Jesus und banden ihn fest.
Einer der Freunde von Jesus, Petrus, wollte ihn verteidigen. Er zog ein Schwert und schlug einem der Soldaten ein Ohr ab. Doch Jesus sagte: „Steck dein Schwert weg! Wer mit dem Schwert kämpft, wird durch das Schwert sterben." Dann heilte er das Ohr des Soldaten.
Die anderen Freunde von Jesus hatten große Angst und liefen davon. Jesus war nun allein mit den Soldaten. Judas blieb zurück und beobachtete alles. Er fühlte sich schlecht, doch er hatte sich entschieden und konnte nicht mehr zurück.
Die Soldaten führten Jesus ab. Es war eine dunkle Nacht, doch Jesus blieb stark. Er wusste, dass er diesen Weg gehen musste, um die Menschen zu retten.

9. Der Hohepriester verhört Jesus

Die Soldaten brachten Jesus in der Nacht zu einem großen Haus. Dort lebte der Hohepriester Kaiphas. Er war einer der mächtigsten Männer in Jerusalem und wollte herausfinden, ob Jesus etwas Schlimmes getan hatte. Im Haus warteten viele wichtige Leute, die Jesus sehen wollten. Kaiphas fragte Jesus: „Bist du wirklich der Retter, den Gott uns versprochen hat? Bist du der Sohn Gottes?" Jesus antwortete ruhig: „Du sagst es."
Die Männer im Raum wurden wütend. „Das kann nicht wahr sein! Er behauptet, er sei Gottes Sohn! Das ist eine Beleidigung!", riefen sie. Einige fingen an, Jesus auszulachen und ihm böse Worte zuzurufen. Andere schlugen ihn und sagten: „Wenn du wirklich Gottes Sohn bist, dann beweise es!"
Währenddessen stand Petrus draußen im Hof und wartete. Er wollte wissen, was mit Jesus geschehen würde. Doch als ihn jemand fragte: „Du bist doch auch ein Freund von Jesus?", sagte Petrus schnell: „Nein, ich kenne ihn nicht!" Das wiederholte er noch zweimal, weil er Angst hatte, verhaftet zu werden. Plötzlich krähte ein Hahn, und Petrus erinnerte sich an Jesus' Worte. Da wurde er sehr traurig und lief weg. Die Männer im Haus entschieden, dass Jesus etwas Schlimmes getan habe, und zum römischen Statthalter Pontius Pilatus gebracht werden sollte. Doch sie ahnten nicht, dass dies alles Teil von Gottes großem Plan war.

10. Pontius Pilatus entscheidet über Jesus

Am Morgen brachten die Priester Jesus zu Pontius Pilatus. Pilatus war der Statthalter des römischen Kaisers in der Provinz Judäa. Hier hatte Pilatus das Sagen und nur er konnte darüber entscheiden, ob Jesus bestraft werden sollte. Die Priester sagten: „Dieser Mann nennt sich König der Juden! Er muss bestraft werden!"

Pilatus sah Jesus an und fragte: „Bist du wirklich ein König?" Jesus antwortete ruhig: „Mein Königreich ist nicht von dieser Welt." Pilatus verstand nicht ganz, was Jesus meinte, aber er spürte, dass Jesus kein Verbrecher war. „Ich finde keinen Grund, ihn zu bestrafen", sagte Pilatus. Doch die Priester und viele Menschen riefen laut: „Kreuzige ihn! Kreuzige ihn!" Pilatus wollte es den Menschen recht machen. Er ließ Jesus auspeitschen und fragte dann noch einmal: „Soll ich diesen Mann wirklich kreuzigen lassen?" Die Menge schrie: „Ja!"

Pilatus wusch sich vor allen die Hände. Damit wollte er zeigen, dass er nicht für den Tod von Jesus verantwortlich sein wollte. Er sagte: „Ich habe nichts mit dem Tod dieses Mannes zu tun. Ihr entscheidet darüber." Dann gab er den Befehl, Jesus zur Kreuzigung zu bringen. Jesus blieb ruhig. Er wusste, dass dies alles Teil von Gottes Plan war, um den Menschen zu helfen.

11. Jesus trägt sein Kreuz

Nachdem Pilatus entschieden hatte, dass Jesus gekreuzigt werden sollte, nahmen die Soldaten ihn mit. Doch bevor sie ihn abführten, machten sie sich über ihn lustig. Sie sagten, Jesus sei der „König der Juden", und taten so, als ob sie ihn wie einen König behandeln würden. Sie setzten ihm eine Krone aus spitzen Dornen auf den Kopf. Die Dornen stachen in seine Haut und taten sehr weh. Dann holten sie einen Mantel, der wie ein königlicher Umhang aussah, und legten ihn Jesus um die Schultern. Sie gaben ihm auch einen Stock in die Hand, als ob es ein Zepter wäre. Die Soldaten standen um ihn herum, knieten sich hin und riefen lachend: „Ja, du bist der König der Juden!" Aber sie meinten das nicht ernst, sondern lachten Jesus aus. Danach spuckten sie ihn an, nahmen den Stock und schlugen ihn damit auf den Kopf.
Jesus sagte nichts. Er blieb ruhig, auch wenn es sehr weh tat. Schließlich nahmen sie ihm den Mantel wieder weg und führten Jesus hinaus. Dann gaben sie ihm einen schweren Holzbalken, der größer war als er selbst. Er musste ihn selbst tragen, obwohl er von den Schlägen und der Dornenkrone schon sehr schwach war. Der Weg, den er gehen musste, war lang und steinig. Er führte außerhalb der Stadt zu einem Ort namens Golgatha. Auf dem Weg fiel Jesus mehrmals zu Boden, weil der Balken so schwer war. Manche Menschen am Straßenrand lachten über ihn, andere schauten traurig zu. Auch seine Mutter Maria war dort. Sie weinte, als sie ihren Sohn leiden sah. Doch Jesus blickte sie mit liebevollen Augen an, um ihr Mut zu machen. Die Soldaten merkten, dass Jesus zu schwach war, um den Balken allein zu tragen. Sie zwangen einen Mann aus der Menge, ihm zu helfen. Der Mann hieß Simon und kam aus der Stadt Kyrene. Simon war zuerst überrascht, aber dann half er Jesus, den Balken zu tragen. Gemeinsam erreichten sie schließlich Golgatha. Dort bereiteten die Soldaten alles für die Kreuzigung vor. Jesus wusste, dass das Ende nah war, aber er klagte nicht. Er betete zu Gott und dachte an die Menschen, die er retten wollte.

12. Die Kreuzigung von Jesus

Auf einem Hügel nahe Jerusalem bereiteten die Soldaten die Kreuzigung vor. Sie zogen Jesus seine Kleidung aus und nahmen sie an sich. Sie legten ihn auf den Holzbalken, streckten seine Arme aus und nagelten sie mit einem Hammer und Nägeln an den Holzbalken. Anschließend befestigten die Soldaten an den Holzbalken einen längeren Querbalken, sodass ein großes Kreuz entstand. An den Querbalken des Kreuzes nagelten sie seine Füße fest und richteten das Kreuz an einem langen Pfosten auf. Neben Jesus wurden zwei andere Männer gekreuzigt. Sie waren Verbrecher, die für ihre Taten bestraft wurden. Alle drei Kreuze wurden zur gleichen Zeit aufgestellt.

Über Jesus' Kreuz hängten sie ein Schild, auf dem stand: „Jesus von Nazareth, König der Juden."

Viele Menschen standen um das Kreuz herum und schauten zu. Manche lachten und riefen: „Wenn du wirklich Gottes Sohn bist, dann steig vom Kreuz herab!" Doch Jesus betete: „Vater, vergib ihnen, denn sie wissen nicht, was sie tun."

Einer der Verbrecher neben Jesus verspottete ihn: „Wenn du der Retter bist, dann rette dich selbst und uns!" Aber der andere Verbrecher sagte: „Hast du denn keine Ehrfurcht vor Gott? Wir werden für unsere Taten bestraft, aber er hat nichts Böses getan." Dann bat er Jesus: „Denk an mich, wenn du in dein Königreich kommst." Jesus antwortete ihm: „Noch heute wirst du mit mir im Paradies sein."

Von Mittag bis zum Nachmittag wurde es plötzlich dunkel, obwohl es Tag war. Die Erde bebte, und viele Menschen erschraken. Jesus rief laut: „Mein Gott, mein Gott, warum hast du mich verlassen?" Dann schloss er die Augen und starb. Ein römischer Hauptmann, der alles gesehen hatte, sagte: „Wahrlich, dieser Mann war Gottes Sohn!"

Am späten Abend versicherten sich die Soldaten, dass alle drei nicht mehr lebten. Jesus und die beiden Verbrecher wurden von den Kreuzen genommen. Jesus' Körper wurde in Leinentücher gewickelt und in ein neues Grab gelegt. Es war eine Höhle in einem Felsen, die mit einem großen Stein verschlossen wurde. Viele Menschen gingen traurig nach Hause.

13. Das leere Grab

Drei Tage später, es war am frühen Sonntagmorgen, noch bevor die Sonne aufging, gingen einige Frauen zum Grab, in dem Jesus lag. Sie hatten wohlriechende Öle dabei, um den Körper von Jesus zu pflegen. Das war damals ein Zeichen der Liebe und Ehre. Als die Frauen zum Grab kamen, bemerkten sie etwas Seltsames. Der schwere Stein, der das Grab verschlossen hatte, war zur Seite gerollt. Vorsichtig schauten sie hinein, doch das Grab war leer. Jesus war nicht mehr da! Plötzlich erschienen zwei Engel in strahlend weißen Kleidern. Die Frauen erschraken, doch die Engel sagten: „Fürchtet euch nicht! Jesus ist nicht hier. Gott hat Jesus von den Toten auferweckt. Er ist auferstanden, so wie er es euch gesagt hat. Geht und erzählt seinen Freunden, dass er lebt."

Die Frauen waren überrascht und liefen schnell zurück, um den Jüngern die Frohe Botschaft zu bringen. „Jesus lebt!", riefen sie. Doch die Jünger konnten es nicht glauben. Während die Frauen freudig erzählten, gingen die Wachen, die das Grab bewachten, zu den Priestern und berichteten, was passiert war. Die Priester waren besorgt. Sie wollten nicht, dass die Menschen an die Auferstehung von Jesus glaubten. Deshalb erfanden sie eine Lüge und sagten den Soldaten, sie sollten behaupten, die Jünger hätten den Leichnam gestohlen.
Doch die Wahrheit konnte nicht verborgen bleiben. Jesus war wirklich auferstanden, und seine Freunde sollten ihn bald selbst sehen.

14. Jesus begegnet Maria Magdalena

Nach der Auferstehung blieb Maria Magdalena noch am Grab. Sie war traurig, weil sie dachte, jemand hätte den Körper von Jesus gestohlen. Als sie in das Grab schaute, sah sie zwei Engel in weißen Gewändern. Die Engel fragten: „Warum weinst du?"
Maria antwortete: „Sie haben meinen Herrn weggenommen, und ich weiß nicht, wo er ist." Als sie sich umdrehte, sah sie einen Mann stehen. Es war Jesus, aber sie erkannte ihn nicht sofort. Sie dachte, es sei der Gärtner. Der Mann fragte sie: „Warum weinst du? Wen suchst du?"
Maria sagte: „Wenn du ihn weggebracht hast, sag mir bitte, wo er ist, damit ich ihn holen kann." Da sagte Jesus liebevoll: „Maria!" In diesem Moment erkannte sie ihn und rief: „Rabbuni!" Das bedeutet „Mein Herr".
Jesus sagte zu ihr: „Halte mich nicht fest, denn ich bin noch nicht zum Vater gegangen. Gehe aber zu meinen Brüdern und sage ihnen, dass ich zu meinem Vater und eurem Vater gehe."
Jesus wollte damit sagen, dass Gott nicht nur sein Vater ist, sondern auch der Vater aller, die an ihn glauben. Durch Jesus können alle Menschen eine besondere Verbindung zu Gott haben.
Maria lief sofort zu den Jüngern und rief: „Ich habe den Herrn gesehen! Er lebt!" Doch die Jünger waren noch immer verwirrt und konnten es kaum glauben. Bald sollten auch sie Jesus selbst sehen und erfahren, dass er wirklich auferstanden war.

15. Jesus geht mit zwei Jüngern

Am selben Tag machten sich zwei Jünger auf den Weg in ein Dorf namens Emmaus. Sie waren traurig und sprachen miteinander über alles, was passiert war. Während sie gingen, kam ein Fremder zu ihnen und fragte: „Warum seid ihr so traurig? Worüber sprecht ihr?"
Die Jünger blieben stehen und sahen ihn erstaunt an. Einer von ihnen sagte: „Weißt du denn nicht, was in Jerusalem passiert ist? Jesus von Nazareth wurde gekreuzigt. Wir hatten gehofft, er sei der Retter, den Gott uns geschickt hat. Aber jetzt ist er tot, und alles scheint verloren."
Der Fremde, der Jesus war, aber nicht sofort von ihnen erkannt wurde, erklärte ihnen: „Musste der Retter nicht all das durchmachen, damit Gottes Plan erfüllt wird?"
Die Jünger erkannten ihn nicht, weil sie so traurig und durcheinander waren. Außerdem sah Jesus nach seiner Auferstehung etwas anders aus. Vielleicht wollte Gott auch, dass sie zuerst seine Worte hören und verstehen.
Er erzählte ihnen, was in den heiligen Schriften über den Retter stand, und half ihnen, alles zu verstehen. Als sie in Emmaus ankamen, baten die Jünger den Fremden, bei ihnen zu bleiben. Beim Abendessen nahm Jesus das Brot, dankte Gott, brach es und gab es ihnen. In diesem Moment erkannten sie ihn, doch dann verschwand er.
Die Jünger waren voller Freude. „War es nicht wie ein Feuer in unseren Herzen, als er mit uns sprach?", sagten sie zueinander. Sofort liefen sie zurück nach Jerusalem, um den anderen Jüngern zu erzählen, was sie erlebt hatten. „Jesus lebt! Wir haben ihn gesehen!", riefen sie.

16. Jesus erscheint seinen Freunden

Während die Jünger noch darüber redeten, dass Jesus den beiden Freunden erschienen war, stand Jesus plötzlich mitten unter ihnen. Die Tür war verschlossen gewesen, und doch war er da! Die Jünger erschraken und dachten, sie würden einen Geist sehen.
Doch Jesus sagte: „Habt keine Angst! Ich bin es wirklich." Dann zeigte er ihnen seine Hände und Füße, in denen noch die Wunden von der Kreuzigung zu sehen waren. „Berührt mich und überzeugt euch selbst, dass ich kein Geist bin", sagte er.
Die Jünger waren voller Freude, aber auch noch ein bisschen verwirrt. Um ihnen zu zeigen, dass er wirklich lebendig war, fragte Jesus:

„Habt ihr etwas zu essen?" Sie gaben ihm ein Stück Fisch, und er aß es vor ihren Augen.
Dann erklärte Jesus auch ihnen, was in den heiligen Schriften über ihn stand. Er sagte: „Alles, was mit mir geschehen ist, war Teil von Gottes Plan. Der Retter musste leiden und sterben, aber am dritten Tag sollte er auferstehen. Jetzt seid ihr meine Zeugen. Erzählt allen Menschen, was ihr gesehen habt, damit auch sie an mich glauben."
Die Jünger hörten aufmerksam zu. Sie wussten nun, dass Jesus wirklich auferstanden war und dass sie eine wichtige Aufgabe hatten: Die Frohe Botschaft in die Welt zu tragen.

17. Der ungläubige Thomas

Einer der Jünger, Thomas, war nicht dabei gewesen, als Jesus den anderen erschienen war. Als die anderen ihm erzählten: „Wir haben den Herrn gesehen!", konnte er es nicht glauben. „Ich glaube es erst, wenn ich die Wunden in seinen Händen sehe und sie mit meinen Fingern berühre", sagte Thomas. Die anderen Jünger versuchten, ihn zu überzeugen, doch Thomas blieb skeptisch. „Wie kann jemand, der tot war, wieder lebendig sein?", fragte er. Er wollte Beweise sehen, bevor er glauben konnte. Eine Woche später waren die Jünger wieder zusammen, und diesmal war Thomas bei ihnen. Plötzlich stand Jesus wieder mitten unter ihnen, obwohl die Tür verschlossen war. Er sagte: „Friede sei mit euch!" Die Jünger freuten sich, Jesus wiederzusehen, doch Thomas war wie erstarrt.

Dann wandte sich Jesus direkt an Thomas: „Komm her, Thomas. Berühre meine Wunden. Sei nicht länger ungläubig, sondern glaube!" Thomas schaute Jesus an, berührte seine Wunden und spürte plötzlich, dass es wirklich wahr war. Er rief: „Mein Herr und mein Gott!"
Jesus sagte zu ihm: „Du glaubst, weil du mich gesehen hast. Glücklich sind die, die nicht sehen und doch glauben." Von diesem Moment an glaubte Thomas fest daran, dass Jesus wirklich auferstanden war. Auch er wusste nun, dass es seine Aufgabe war, die Frohe Botschaft weiterzugeben. Jesus verbrachte noch weitere Zeit mit seinen Jüngern und bereitete sie auf ihre Aufgaben vor. Gemeinsam planten sie, wie sie Jesus' Botschaft in die Welt tragen würden.

18. Jesus gibt seinen Jüngern eine Aufgabe

Eines Tages sagte Jesus zu seinen Jüngern: „Geht hinaus in die ganze Welt und erzählt allen Menschen von mir. Macht sie zu meinen Jüngern, tauft sie und lehrt sie, alles zu tun, was ich euch gesagt habe."
Die Jünger hörten aufmerksam zu. Sie wussten, dass dies eine große Aufgabe war, aber sie fühlten sich durch Jesus' Worte gestärkt. Jesus versprach ihnen auch, dass Gott ihnen seinen Geist schicken würde, um sie zu unterstützen. Dieser Geist würde ihnen Mut und Kraft geben, damit sie ihre Aufgabe erfüllen konnten.
„Ihr werdet meine Zeugen sein – in Jerusalem, in ganz Judäa, in Samarien und überall auf der Welt", sagte Jesus. Die Jünger spürten, dass dies ein wichtiger Moment war. Sie wussten, dass sie von nun an für Jesus und seine Botschaft leben würden.
Jesus erklärte ihnen, dass sie noch einige Zeit in Jerusalem warten sollten. Bald würde der Geist Gottes kommen, um ihnen die Kraft zu geben, die sie brauchten. Die Jünger waren dankbar für Jesus' Worte und bereiteten sich darauf vor, ihre Aufgabe zu erfüllen.
Bevor Jesus ging, sprach er ihnen noch Mut zu: „Denkt daran, ich bin immer bei euch, bis an das Ende der Welt." Diese Worte blieben tief in den Herzen der Jünger, und sie wussten, dass sie nicht allein waren.

19. Die Himmelfahrt von Jesus

Vierzig Tage später führte Jesus seine Jünger auf einen Berg. Es war ein stiller und besonderer Moment. Die Jünger schauten ihn an, und sie wussten, dass dies eine Abschiedsstunde sein würde. Jesus sagte: „Ihr habt gesehen, was ich getan habe und was mit mir geschehen ist. Jetzt seid ihr an der Reihe. Erzählt allen Menschen von Gottes Liebe. Und denkt daran: Ich bin immer bei euch."
Dann hob Jesus seine Hände, segnete seine Freunde und begann, in den Himmel aufzusteigen. Die Jünger schauten ihm nach, bis eine Wolke ihn verhüllte und sie ihn nicht mehr sehen konnten. Sie standen da und starrten zum Himmel, voller Staunen und Ehrfurcht. Es war ein Augenblick, den sie nie vergessen würden.
Plötzlich erschienen zwei Engel. Sie sagten: „Warum steht ihr hier und schaut in den Himmel? Jesus wurde in den Himmel aufgenommen, aber eines Tages wird er genauso wiederkommen, wie ihr ihn habt gehen sehen." Die Worte der Engel gaben den Jüngern Trost und Hoffnung.
Die Jünger kehrten nach Jerusalem zurück. Sie waren voller Freude und dankten Gott. Sie wussten, dass Jesus ihnen eine wichtige Aufgabe gegeben hatte, und sie waren bereit, diese zu erfüllen. Noch ahnten sie nicht, wie groß diese Aufgabe werden würde, aber sie vertrauten auf die Hilfe Gottes und auf die Kraft, die Jesus ihnen versprochen hatte.

20. Die Frohe Botschaft lebt weiter

Nach Jesus' Himmelfahrt trafen sich die Jünger regelmäßig, um zu beten und über alles zu sprechen, was sie erlebt hatten. Sie saßen immer wieder zusammen, teilten Brot und Wein und erinnerten sich an das, was Jesus zu ihnen gesagt hatte. „Wo zwei oder drei in meinem Namen versammelt sind, da bin ich mitten unter ihnen." So spürten sie, wie Jesus immer bei ihnen war. Das gab ihnen Mut, Kraft und Hoffnung. Sie wussten, dass ihre Aufgabe erst begonnen hatte. Sie sollten Jesus' Frohe Botschaft in die Welt tragen. Einige Zeit später schickte Gott seinen Heiligen Geist zu den Jüngern. Dieser Geist gab ihnen Mut, Kraft und die richtigen Worte, um zu sprechen. Plötzlich konnten sie Sprachen sprechen, die sie vorher nicht gekannt hatten, sodass Menschen aus aller Welt sie verstehen konnten. Die Jünger begannen, in verschiedene Länder zu reisen und den Menschen von Jesus zu erzählen. Viele Menschen hörten zu, glaubten an die Botschaft und ließen sich taufen.

So wuchs die Gemeinschaft der Christen immer weiter. Die Jünger erinnerten sich immer wieder an Jesus' Worte: „Ich bin bei euch alle Tage, bis an das Ende der Welt." Diese Zusage gab ihnen die Kraft, auch schwierige Zeiten zu überstehen. Denn sie wussten, dass sie nie allein waren. Auch heute noch erinnert Ostern die Menschen daran, dass Jesus für alle gestorben und auferstanden ist. Seine Geschichte lebt weiter – in den Herzen derer, die an ihn glauben. Und wie die Jünger können auch wir die Liebe von Jesus mit anderen teilen. Das ist der wahre Sinn von Ostern. Jeder von uns kann diese Botschaft in die Welt tragen, indem er Liebe, Frieden und Hoffnung verbreitet. So wird die Geschichte von Jesus Christus immer weitererzählt, von Generation zu Generation, und bleibt lebendig – überall dort, wo Menschen glauben und sich daran erinnern, was Jesus für sie getan hat.

Die Ostergeschichte in anderen Ländern

Ostern wird auf der ganzen Welt gefeiert, aber jedes Land hat seine eigenen besonderen Bräuche. Auf den **Philippinen**, einem weit entfernten Land, spielen die Menschen besondere Theaterstücke, die uns zeigen, was Jesus alles durchgemacht hat. In **Griechenland**, wo es oft sehr sonnig ist, bemalen die Menschen Eier rot. Diese roten Eier sollen uns an das Leben und die Auferstehung von Jesus erinnern. Auch im Judentum wird das Passahfest gefeiert. Das Fest war schon zur Zeit von Jesus sehr wichtig und zeigt, wie alles miteinander verbunden ist.

In **Polen** bespritzen sich die Menschen an Ostermontag mit Wasser. Dieser Brauch heißt „Śmigus-Dyngus" und macht allen großen Spaß!

In **Schweden** verkleiden sich die Kinder zu „Osterhexen". Sie ziehen von Haus zu Haus und bekommen Süßigkeiten, während sie den Frühling begrüßen. In **Spanien** gibt es zu Ostern große Umzüge, bei denen viele Menschen in festlichen Kleidern durch die Straßen gehen und an das Leiden von Jesus denken. In **Italien** feiern viele Familien am Ostermontag ein schönes Picknick im Freien und genießen das Essen zusammen.

In **Norwegen** lesen die Menschen an Ostern gern Krimis. Das ist ein bisschen so, als ob man ein spannendes Abenteuer erlebt.

In **Russland** bereiten die Menschen zu Ostern eine süße Spezialität zu, die „Paskha" heißt. Sie essen sie zusammen, um das Leben zu feiern.

In **Ungarn** gibt es einen besonderen „Osterbaum". An diesem Baum hängen viele bunte Eier, die für das neue Leben stehen.
In **Mexiko** feiern die Menschen zu Ostern große Umzüge, bei denen sie die Geschichte von Jesus nachspielen. Am Ostersonntag feiern sie dann mit einem Festessen und genießen das fröhliche Beisammensein.

All diese Bräuche aus verschiedenen Ländern zeigen uns, dass Ostern immer eine Zeit der Freude und Hoffnung ist. Egal, wo wir leben, wir feiern die Auferstehung von Jesus und die Liebe, die er uns bringt. Es ist schön zu sehen, wie Menschen in vielen Teilen der Welt Ostern auf ihre eigene Art feiern, aber alle das gleiche wunderbare Geheimnis miteinander teilen.

Die Ostergeschichte erklärt – Fragen und Antworten

Gibt es den Osterhasen und warum bringt er Eier?

Viele Kinder glauben an den Osterhasen, auch wenn sie ihn noch nie gesehen haben. Der Osterhase gehört zu den Geschichten, die Ostern besonders machen. Die Idee kommt aus alten Zeiten, als Hasen ein Symbol für neues Leben waren. Eier stehen auch für neues Leben, weil aus ihnen etwas Neues schlüpfen kann. Der Osterhase versteckt sie, damit Kinder beim Suchen Spaß haben und sich über die bunten Überraschungen freuen. Ob es den Osterhasen wirklich gibt, bleibt ein Geheimnis – aber seine Geschichten bringen viel Freude!

Gibt es Gott?

Viele Menschen glauben, dass Gott existiert, auch wenn wir ihn nicht sehen können. Sie spüren ihn in der Liebe zwischen Menschen und in der Schönheit der Natur, wie Blumen, Tiere und Sterne. Christen glauben, dass Gott die Welt erschaffen hat und uns zeigt, wie wir freundlich und hilfsbereit sein können. Er hilft uns, anderen zu vergeben und Gutes zu tun. Viele glauben, dass Gott in unseren Herzen wohnt und uns leitet.

Wer ist Jesus Christus?

Jesus Christus ist für Christen der Sohn Gottes, der vor über 2.000 Jahren lebte. Er lehrte die Menschen, wie wichtig Liebe, Vergebung und Gerechtigkeit sind. Experten bestätigen, dass Jesus eine historische Person war, die vielen geholfen hat. Für Christen ist er jedoch mehr: der Retter, der für die Sünden der Menschen starb und wieder auferstand. Sein Name bedeutet „Der Gesandte Gottes". Er wird verehrt als jemand, der den Menschen den Weg zu Gott zeigte.

Wer sind die Christen?

Christen sind Menschen, die an Jesus Christus glauben und seinen Lehren folgen. Sie versuchen, so zu leben, wie Jesus es gezeigt hat: mit Liebe, Güte und Hilfsbereitschaft. Christen glauben, dass Jesus der Sohn Gottes ist, der gestorben und wieder auferstanden ist, um alle Menschen zu retten. Sie feiern dies besonders an Ostern. Ihr Glaube gibt ihnen Kraft und Hoffnung, und sie bemühen sich, Jesus' Botschaft von Liebe und Frieden weiterzugeben.

Wieso ritt Jesus auf einem Esel?

Jesus ritt auf einem Esel, weil ein Esel ein Symbol für Frieden ist. In früheren Zeiten ritten Könige auf Pferden, um ihre Macht zu zeigen. Der Esel steht dafür, dass Jesus bescheiden war und kein Angeber. Jesus wollte damit zeigen, dass er ein friedlicher Retter ist und kein Krieger. Er brachte Liebe und Frieden, nicht Krieg. Die Menschen verstanden, dass er anders war, und jubelten ihm zu. Sein Ritt auf dem Esel wurde ein Zeichen seiner besonderen Botschaft.

Wo liegt Jerusalem?

Jerusalem ist eine sehr alte Stadt im heutigen Israel. Sie ist für viele Religionen, wie das Judentum, das Christentum und den Islam, besonders wichtig. Zur Zeit von Jesus lebten dort viele Menschen, und der große Tempel der Juden stand dort. Jerusalem war der Ort, an dem Jesus viel lehrte, aber auch verhaftet, verurteilt und gekreuzigt wurde. Heute ist Jerusalem ein bedeutender Ort, den viele Menschen besuchen, um mehr über die Geschichte und den Glauben zu erfahren.

Was ist Palmsonntag?

Palmsonntag ist der Tag, an dem Jesus auf einem Esel in die Stadt Jerusalem ritt. Die Menschen legten Palmzweige auf den Weg, um ihn zu ehren, weil sie glaubten, dass er der Retter sei. Sie riefen: „Gesegnet sei er, der im Namen des Herrn kommt!" Palmsonntag ist der Beginn der Karwoche, in der Christen sich an die letzten Tage von Jesus erinnern. Die Palmzweige stehen bis heute für Freude und Hoffnung.

Wer sind die Juden?

Die Juden sind Menschen, die an Gott glauben und die jüdische Religion haben. Sie folgen den Gesetzen und Lehren der Heiligen Schrift, die Christen das Alte Testament nennen. Jesus selbst war ein Jude und lebte nach den jüdischen Traditionen. Viele Geschichten aus seinem Leben spielen in der jüdischen Gemeinschaft. Auch das Passahfest, das Jesus feierte, ist ein wichtiges jüdisches Fest. Juden und Christen teilen viele gemeinsame Wurzeln in ihrem Glauben.

Was ist das Passahfest?

Das Passahfest ist ein großes jüdisches Fest. Es erinnert an die Befreiung der Israeliten aus der Sklaverei in Ägypten, angeführt von Mose. Während des Passahfestes essen Juden besondere Speisen und erzählen die Geschichte ihrer Rettung. Jesus feierte dieses Fest mit seinen Jüngern. Dieses letzte gemeinsame Essen ist heute als „Das letzte Abendmahl" bekannt. Christen erinnern sich daran, weil Jesus dabei erklärte, warum er für die Menschen sterben würde.

Woher kommt der Name Gründonnerstag?

Gründonnerstag ist der Tag, an dem Jesus das letzte Abendmahl mit seinen Jüngern feierte. Der Name kommt vom alten Wort „greinen", das „trauern" bedeutet. Denn an diesem Tag wusste Jesus bereits, dass er bald sterben würde. Gleichzeitig ist es ein Tag der Hoffnung, weil Jesus seinen Jüngern die Bedeutung von Liebe, Vergebung und Gemeinschaft zeigte. Christen erinnern sich an Gründonnerstag, indem sie das Abendmahl feiern, wie Jesus es damals tat.

Was war das letzte Abendmahl?

Das letzte Abendmahl war ein besonderes Essen, das Jesus mit seinen Jüngern vor seinem Tod teilte. Dabei nahm er Brot, brach es und sagte: „Das ist mein Leib." Dann reichte er Wein und erklärte: „Das ist mein Blut, das für euch vergossen wird." Mit diesen Worten wollte Jesus zeigen, wie sehr er die Menschen liebt, und dass sein Tod ein Opfer für ihre Rettung ist. Christen feiern das Abendmahl, um sich daran zu erinnern.

Warum gab Jesus seinen Freunden Brot und Wein?

Jesus gab seinen Freunden Brot und Wein, um ihnen zu zeigen, dass er bald für sie sterben würde. Das Brot stand für seinen Körper, und der Wein für sein Blut, das er für die Rettung der Menschen vergießen würde. Mit diesem Zeichen wollte Jesus ihnen seine Liebe zeigen und sie daran erinnern, dass sie einander lieben und helfen sollten. Dieses besondere Zeichen ist für Christen bis heute ein wichtiger Teil ihres Glaubens.

Warum wusch Jesus seinen Freunden die Füße?

Jesus wusch seinen Freunden die Füße, um ihnen zu zeigen, wie wichtig es ist, anderen zu helfen. Er wollte zeigen, dass niemand zu wichtig ist, um nicht anderen zu dienen. Damals war es üblich, Gästen die Füße zu waschen, weil man Sandalen trug und die Wege staubig waren. Jesus erklärte: „So wie ich euch gedient habe, sollt auch ihr einander helfen." Damit gab er ein Beispiel für Demut und Liebe, das uns noch heute zeigt, wie wir handeln sollten.

Wer war Judas?

Judas war einer der zwölf Apostel, der engsten Freunde von Jesus. Er verriet Jesus an die Priester, die ihn verhaften wollten, weil sie Angst vor seiner Botschaft hatten. Judas erhielt dafür 30 Silbermünzen. Später bereute er seine Tat, fühlte sich schuldig und konnte nicht mit seiner Entscheidung leben. Seine Geschichte zeigt, wie wichtig es ist, ehrlich zu sein und Vergebung zu suchen, auch wenn wir Fehler gemacht haben. Jesus lehrte uns, immer Hoffnung auf Vergebung zu haben.

Wer war Petrus?

Petrus war einer der zwölf Apostel und ein enger Freund von Jesus. Er war mutig und stark, doch in der Nacht, als Jesus gefangen genommen wurde, hatte er Angst. Dreimal sagte er, dass er Jesus nicht kenne, obwohl er es bereute. Später wurde Petrus ein wichtiger Verkünder der Botschaft Jesu. Seine Geschichte zeigt, dass wir Fehler machen dürfen und durch Vergebung und Vertrauen in Gott wieder Mut und Stärke finden können, um Gutes zu tun.

Wer war der Hohepriester Kaiphas?

Kaiphas war der wichtigste religiöse Führer der Juden zur Zeit von Jesus. Er ließ Jesus verhören, weil er dachte, dass Jesus eine Gefahr für seine Macht und die Ordnung sei. Kaiphas wollte Jesus zum Schweigen bringen, da viele Menschen an ihn glaubten. Obwohl er wusste, dass Jesus nichts Falsches getan hatte, entschied er, dass Jesus bestraft werden sollte. Seine Entscheidung war nicht fair. Trotzdem hat Gott das, was geschehen ist, genutzt, um seinen Plan zu erfüllen und den Menschen zu helfen.

Wer war Pontius Pilatus?

Pontius Pilatus war ein wichtiger Mann, der für die Römer das Land regierte, in dem Jesus lebte. Als Statthalter entschied er, was mit Jesus passieren sollte. Pilatus wusste, dass Jesus nichts falsch gemacht hatte. Aber viele Menschen riefen laut, dass Jesus bestraft werden sollte. Pilatus hatte Angst, dass es Ärger geben könnte, wenn er nicht tat, was die Menschen wollten. Deshalb ließ er Jesus kreuzigen. Pilatus wusch sich die Hände, um zu zeigen, dass er nicht schuld sein wollte. Obwohl seine Entscheidung nicht fair war, geschah dadurch das, was Gott geplant hatte: Jesus starb, um allen Menschen zu zeigen, wie wichtig Liebe, Vergebung und Frieden sind.

Was ist Karfreitag?

Karfreitag ist der Tag, an dem Christen sich an Jesus' Tod erinnern. Das Wort „Kar" kommt von einem alten Wort für Kummer oder Trauer. An diesem Tag denken wir daran, wie Jesus am Kreuz starb, um die Menschen von ihren Sünden zu befreien. Sein Opfer zeigt uns, wie groß seine Liebe ist. Karfreitag ist ein stiller und ernster Tag, aber er bereitet uns auf die Freude der Auferstehung vor, die wir an Ostern feiern.

Wieso haben die Soldaten Jesus eine Dornenkrone aufgesetzt?

Die Soldaten setzten Jesus eine Dornenkrone auf, um ihn zu verspotten. Sie nannten ihn „König der Juden" und wollten ihn lächerlich machen. Die Dornen taten sehr weh, aber Jesus ertrug es still. Was die Soldaten nicht wussten: Jesus ist wirklich ein König, jedoch ein König des Friedens und der Liebe. Die Dornenkrone erinnert uns an das Leid, das Jesus für uns auf sich nahm, und daran, dass seine Liebe größer war als alle Schmerzen.

Wer sind die zwölf Apostel?

Die zwölf Apostel waren Jesus' engste Freunde und Helfer. Sie begleiteten ihn, hörten seine Lehren und lernten, wie sie Gottes Liebe weitergeben konnten. Nach Jesus' Tod und Auferstehung gingen sie in die Welt, um seine Botschaft zu verkünden. Ihre Namen waren unter anderem Petrus, Johannes und Jakobus. Die Apostel zeigen uns, wie wichtig es ist, an Jesus zu glauben und seine Botschaft von Liebe, Frieden und Vergebung an andere weiterzugeben.

Wieso wurde Jesus nach dem Tod in ein Leinentuch gewickelt?

Jesus wurde nach seinem Tod in ein Leinentuch gewickelt, weil dies damals eine ehrenvolle Art war, Verstorbene zu bestatten. Es zeigte den Respekt und die Liebe, die man für die verstorbene Person hatte. Josef von Arimathäa kümmerte sich darum, dass Jesus in ein neues, noch unbenutztes Grab gelegt wurde. Das Leinentuch und die sorgfältige Bestattung erinnern uns daran, wie sehr Jesus von seinen Anhängern geschätzt wurde und wie wichtig sein Opfer für die Menschen war.

Wer war Josef von Arimathäa?

Josef von Arimathäa war ein guter und gerechter Mann, der ein Anhänger von Jesus war. Nach Jesus' Tod bat er Pilatus um Erlaubnis, den Körper von Jesus in sein eigenes Grab zu legen. Dieses Grab war neu und in einen Felsen gehauen. Josef wollte Jesus auf diese Weise ehren. Seine Handlung zeigt, wie viel Mut es braucht, zu Jesus zu stehen, besonders in schweren Zeiten, und wie wichtig es ist, Liebe und Respekt zu zeigen.

Warum ging Jesus nach Galiläa?

Nach seiner Auferstehung sagte Jesus seinen Jüngern, dass er sie in Galiläa treffen würde. Dort hatten sie gemeinsam viele besondere Erlebnisse gehabt, und es war ein vertrauter Ort. Der Engel am leeren Grab erinnerte die Frauen daran, dass Jesus vorausgegangen sei. In Galiläa erschien er seinen Jüngern und gab ihnen den Auftrag, die Frohe Botschaft in die Welt zu tragen. Dieser Ort zeigt, wie wichtig Vertrauen, Gemeinschaft und die Weitergabe von Jesus' Lehre sind.

Wer war Maria Magdalena?

Maria Magdalena war eine enge Freundin und Anhängerin von Jesus. Sie war bei vielen wichtigen Momenten seines Lebens dabei und blieb auch nach seinem Tod an seiner Seite. Nach der Auferstehung war Maria die erste Person, die Jesus sah. Er sprach liebevoll mit ihr und gab ihr die Aufgabe, seinen Jüngern von seiner Auferstehung zu erzählen. Maria Magdalena zeigt uns, wie wichtig Glaube und Treue sind und wie Gott Frauen und Männer gleichermaßen beruft, seine Botschaft weiterzugeben.

Warum musste Jesus sterben?

Jesus starb, um den Menschen zu zeigen, wie sehr Gott sie liebt. Durch seinen Tod nahm er die Fehler und Sünden der Menschen auf sich und öffnete ihnen den Weg zu Gott. Seine Auferstehung zeigt, dass der Tod nicht das Ende ist, sondern ein neuer Anfang. Jesus opferte sich, damit wir Frieden und Vergebung finden können. Sein Tod und seine Auferstehung sind ein Zeichen für Gottes unendliche Liebe und seine Hoffnung für uns alle.

Warum wurde Jesus gefangen genommen?

Jesus wurde gefangen genommen, weil die Priester und religiösen Führer Angst vor seiner Botschaft hatten. Sie fürchteten, ihre Macht zu verlieren, da viele Menschen Jesus folgten. Judas, einer seiner Jünger, verriet ihn an die Priester. Obwohl Jesus nichts Falsches getan hatte, planten sie, ihn zu verurteilen. Jesus' Gefangennahme war Teil von Gottes Plan, durch den er den Menschen seine Liebe und Vergebung zeigen wollte. Jesus wusste, was geschehen würde, und nahm alles mit Mut an.

Warum war Jesus traurig im Garten?

Im Garten Gethsemane war Jesus sehr traurig und hatte Angst, weil er wusste, dass er bald leiden und sterben würde. Er betete zu Gott und bat um Kraft, diesen schweren Weg zu gehen. Jesus zeigte uns, dass es okay ist, Angst zu haben, aber wichtig ist, auf Gott zu vertrauen. Seine Ehrlichkeit und sein Glaube im Gebet geben uns ein Beispiel, wie wir in schwierigen Momenten Trost und Mut bei Gott finden können.

Warum wurde Jesus verraten?

Jesus wurde von Judas verraten, einem seiner zwölf Jünger. Judas zeigte den Soldaten, wo Jesus war, und erhielt dafür 30 Silbermünzen. Judas war enttäuscht, weil er dachte, Jesus würde ein mächtiger König werden, der die Römer besiegt. Als er später erkannte, was er getan hatte, bereute er seine Tat. Der Verrat von Judas erinnert uns daran, wie wichtig es ist, Gott zu vertrauen, auch wenn wir nicht alles verstehen, und Vergebung zu suchen.

Warum sagte Jesus, er würde sterben?

Jesus sagte seinen Jüngern, dass er sterben würde, weil es Teil von Gottes Plan war. Sein Tod sollte die Menschen von ihren Sünden befreien. Sünden sind Dinge, die wir tun, die anderen oder uns selbst wehtun und die Gott nicht gefallen. Jesus starb, damit die Menschen wissen, dass sie immer wieder neu anfangen können, auch wenn sie Fehler gemacht haben. Sein Tod und seine Auferstehung zeigen, wie groß Gottes Liebe ist und dass sie stärker ist als alles, sogar der Tod.

Wenn Jesus wusste, dass er verraten wird, wieso ist er nicht geflüchtet?

Jesus wusste, dass er verraten und leiden würde, aber er wollte Gottes Plan erfüllen. Sein Ziel war es, den Menschen zu zeigen, wie sehr Gott sie liebt, und ihnen den Weg zur Vergebung zu öffnen. Jesus hätte fliehen können, doch er entschied sich, zu bleiben und alles für die Menschen zu geben. Sein Mut und seine Hingabe sind ein Vorbild für uns, wie wir in schweren Zeiten auf Gott vertrauen können.

Was passiert nach dem Tod von Jesus?

Nach seinem Tod wurde Jesus in ein Grab gelegt, das mit einem großen Stein verschlossen war. Am dritten Tag war das Grab leer, weil Jesus wieder lebendig wurde. Seine Auferstehung war ein Wunder und zeigte den Menschen, dass der Tod nicht das Ende ist. Jesus erschien seinen Freunden und gab ihnen den Auftrag, die Botschaft der Liebe weiterzugeben.

Warum kamen die Frauen zum Grab?

Die Frauen kamen am frühen Morgen zum Grab von Jesus, um seinen Körper mit wohlriechenden Ölen einzureiben. Das war damals ein Brauch, um Verstorbene zu ehren. Doch als sie ankamen, war der Stein vor dem Grab weggerollt, und es war leer. Die Engel sagten ihnen, dass Jesus auferstanden ist. Die Frauen waren überrascht und liefen zu den Jüngern, um ihnen die Frohe Botschaft zu bringen. Ihre Treue zeigt uns, wie wichtig Glaube und Hoffnung sind.

Was bedeutet es, dass Jesus auferstanden ist?

Dass Jesus auferstanden ist, bedeutet, dass er nach seinem Tod am dritten Tag (das ist der Ostersonntag) wieder lebendig wurde. Seine Auferstehung zeigt, dass Gottes Liebe stärker ist als der Tod und gibt den Menschen Hoffnung auf ein Leben nach dem Tod. Sie erinnert uns daran, dass wir auf Gott vertrauen können, selbst in schweren Zeiten.

Warum glauben Menschen an Jesus?

Menschen glauben an Jesus, weil er ihnen gezeigt hat, wie man in Liebe und Frieden miteinander lebt. Durch seine Worte und Taten brachte er die Menschen näher zu Gott. Seine Auferstehung gibt den Gläubigen Hoffnung auf ein Leben nach dem Tod. Jesus zeigte, dass Gott uns immer hilft, auch wenn wir Fehler machen. Sein Leben und sein Opfer erinnern uns daran, dass Liebe, Vergebung und Glaube die stärksten Kräfte der Welt sind.

Was passiert mit uns, wenn wir sterben?

Christen glauben, dass wir nach dem Tod zu Gott in den Himmel kommen. Jesus versprach seinen Anhängern, dass sie bei Gott sein werden, wenn sie an ihn glauben. Der Himmel wird als ein Ort des Friedens und der Freude beschrieben, wo wir immer mit Gott zusammen sein können. Jesus' Auferstehung gibt uns die Hoffnung, dass der Tod nicht das Ende ist, sondern der Beginn eines neuen Lebens bei Gott.

Warum gab es das Erdbeben nach dem Tod von Jesus?

Das Erdbeben nach Jesus' Tod zeigte, dass etwas Großes geschehen war. Es war ein Zeichen dafür, dass Jesus' Tod die Welt veränderte. Die Erde bebte, und der Vorhang im Tempel riss entzwei. Das symbolisierte, dass die Menschen durch Jesus' Opfer nun direkten Zugang zu Gott hatten. Das Erdbeben erinnert uns daran, wie bedeutend Jesus' Tod für die Menschen war und dass Gottes Liebe die Welt erneuert.

Warum ließ Gott seinen Sohn sterben und half ihm nicht?

Gott ließ Jesus sterben, weil er die Menschen unendlich liebt. Durch Jesus' Tod wollte Gott die Menschen von ihren Sünden befreien und ihnen Vergebung schenken. Jesus' Opfer zeigt, wie sehr Gott uns liebt, denn er war bereit, seinen eigenen Sohn zu geben, um uns zu retten. Die Auferstehung von Jesus zeigt, dass der Tod nicht das Ende ist, sondern ein neuer Anfang – ein Leben voller Hoffnung und Frieden bei Gott.

Was lehrt uns die Ostergeschichte?

Die Ostergeschichte lehrt uns, dass Liebe, Hoffnung und Opfer wichtig sind. Jesus hat sein Leben gegeben, um uns zu zeigen, wie sehr Gott uns liebt. Seine Auferstehung zeigt, dass der Tod nicht das Ende ist und dass es immer Hoffnung gibt. Die Geschichte erinnert uns daran, dass Vergebung und Vertrauen in Gott unser Leben verändern können. Sie zeigt, dass wir durch Liebe und Glaube stark sein können, selbst in schweren Zeiten.

Liebe Eltern,
wir hoffen, dass Ihnen und Ihrem Kind
die Ostergeschichte gefallen hat!
Wir wissen, dass das Schreiben einer Rezension manchmal
Zeit in Anspruch nimmt, aber Ihre Meinung ist uns sehr
wichtig. Eine kurze Bewertung hilft nicht nur anderen
Eltern, die richtige Entscheidung zu treffen, sondern
motiviert uns auch, weiterhin Inhalte mit Mehrwert
zu erstellen. Wenn Sie das Buch über Amazon erworben haben,
können Sie es ganz einfach über diesen QR-Code rezensieren:

Falls Sie das Buch anderweitig erworben haben, nutzen Sie bitte
diesen QR-Code. Scrollen Sie danach ganz nach unten und
klicken dann auf „Kundenrezension verfassen".

Wir danken Ihnen herzlich für Ihre Unterstützung und Ihre Zeit!

Herzliche Grüße
Ihr Team vom Rohans Verlag

Anregungen oder Fragen? Dann senden Sie einfach bitte eine
E-Mail an: info@rohansverlag.de.

Möchten Sie über unsere Bücher auf dem Laufenden gehalten
werden und/oder diese kostenlos lesen im Rahmen von
Testleseaktionen? Dann melden Sie sich gern für unseren
Newsletter an:

Bücher erschienen im ROHANS VERLAG

Sabine Wittemeier: Greta und die Giraffensprache
8 anschauliche Tiergeschichten zur Gewaltfreien Kommunikation für Kinder: Über Gefühle sprechen, Bedürfnisse verstehen und Konflikte lösen, 2022.
ISBN: 978-3-000-72549-4

Was können Kinder von einer Giraffe und zwei Wölfen über Gewaltfreie Kommunikation lernen? Jede Menge!
Die Wolfskinder Wim und Wilma geraten immer wieder in unangenehme Situationen. Sie spüren sofort, dass es kein schönes Gefühl ist, wenn jemand Blödwolf zu ihnen sagt, sie belügt oder sogar bedroht. Aber ihre instinktiven Reaktionen machen oft alles nur noch schlimmer. Wenn sie doch nur wüssten, wie sie solche Streitereien friedlich lösen können.

Greta, die Giraffe, ist nicht nur wegen ihrer weißen Fellfarbe außergewöhnlich. Sie kennt auch eine besondere Art und Weise, miteinander zu reden: die Giraffensprache. Immer, wenn es irgendwo in der Ukobanga-Savanne tierisch wild zugeht, steht sie den Streitenden unterstützend zur Seite. Aber wie gelingt es ihr, die verschiedenen Meinungen und Sichtweisen in Einklang zu bringen?

Das **Original Kinderbuch zur Gewaltfreien Kommunikation**.

Auch als Hörbuch erhältlich.

Sabine Wittemeier: Greta und die Giraffensprache 2
Anschauliche Tiergeschichten zur Gewaltfreien Kommunikation für Kinder: Über Gefühle sprechen, Bedürfnisse verstehen und Konflikte lösen, 2023.
ISBN: 978-3-982-51911-1

Fans und Neulinge aufgepasst! Hier kommt die Fortsetzung des wegweisenden Original-Kinderbuchs zur Gewaltfreien Kommunikation (GFK) „Greta und die Giraffensprache" von der **Kinderbuchautorin und Erzieherin Sabine Wittemeier – begutachtet und geprüft durch die zertifizierte GFK-Trainerin Darja Trende**.

Die Wolfskinder Wim und Wilma haben aus ihren Streitereien gelernt und möchten ihre Erfahrungen gern weitergeben. So versuchen sie in diesem zweiten Band, anderen streitenden Tieren zu helfen. Doch guter Wille allein reicht nicht: Wim und Wilma fallen oft in ihr altes Konfliktverhalten zurück. Wie gut, dass ihre Freundin Greta ihnen und allen anderen Tieren der Ukobanga-Savanne verlässlich zur Seite steht.

Die **Fortsetzung des Original Kinderbuch-Klassikers zur Gewaltfreien Kommunikation**.

Auch als Hörbuch erhältlich.

Sabine Wittemeier: Greta und die Giraffensprache 3
Anschauliche Tiergeschichten zur Gewaltfreien Kommunikation für Kinder: Über Gefühle sprechen, Bedürfnisse verstehen und Konflikte lösen, 2024.
ISBN: 978-3-982-58750-9

Bereit für das große Finale? Für Fans und Neulinge kommt hier der **dritte und abschließende Band** des wegweisenden Original-Kinderbuchs zur Gewaltfreien Kommunikation (GFK) „Greta und die Giraffensprache" von der **Kinderbuchautorin und Erzieherin Sabine Wittemeier – begutachtet und geprüft durch die zertifizierte GFK-Trainerin Darja Trende.**

Der Aufenthalt der Wolfskinder in der Ukobanga-Savanne geht zu Ende. Wim und Wilma haben schon einige Konflikte bewältigt und viel daraus gelernt (Greta und die Giraffensprache – Band 1 und 2). Wann immer sie auf streitende oder hilfesuchende Tiere aufmerksam werden, bieten sie ihre Unterstützung an. Dabei versuchen sie, alles richtig zu machen. Doch es fällt ihnen manchmal noch schwer, angemessene Worte oder Herangehensweisen zu finden. Wie gut, dass die beiden jemanden kennen, der weiß, wie man Streitereien friedlich lösen kann.

Der Abschluss des Original Kinderbuch-Klassikers zur Gewaltfreien Kommunikation.

Auch als Hörbuch erhältlich.

Lukas Hahn: Die kleine Kratzbürste
Ein Bilderbuch über Wut & Trotz für
Kinder und Erwachsene, 2024.
ISBN: 978-3-982-58752-3

Schuhmacher Alfons hat eine besondere kleine Bürste. Sie ist seine Lieblingsbürste. Von allen Bürsten im Schuhputzkasten hat sie die weichsten Borsten. Doch ab und zu verwandelt sie sich plötzlich in eine Kratzbürste mit ganz harten Borsten.

Was kann Alfons bloß tun?

Kann vielleicht die große Bürste helfen?

Diese Geschichte in Reimen handelt von **Wut & Trotz bei Kindern**. Das Bilderbuch ist allen gewidmet, die auch eine kleine Kratzbürste zu Hause haben.

Die kleine Kratzbürste – DAS Bilderbuch über Wut & Trotz für Kinder ab 3 Jahren, inklusive eines Vorworts von **Sophie Lauenroth, Psychologin** (M. Sc. London) und der **Hörbüchfassung** gesprochen von **Eléonore Vanoli**.

Katharina Becker: 40 Gute-Nacht-Entspannungsgeschichten für zu Hause
Für Kinder von 4 bis 6 Jahren: Mit leichter Rückenmassage gut entspannen und ruhig Einschlafen, inkl. Audiodateien, 2025.
ISBN: 978-3-982-58755-4

Entspannungsgeschichten für Kinder: Sanft einschlafen mit Rückenmassagen und Audiodateien

Stell dir vor, wie schön es wäre, wenn dein Kind abends entspannt und ruhig ins Bett gehen könnte. Massagegeschichten bieten die ideale Lösung! Diese einzigartigen Geschichten kombinieren kindgerechte Erzählungen mit sanften Massagetechniken. Mit den enthaltenen Audiodateien kannst du dich ganz auf die sanfte Massage deines Kindes konzentrieren, während die beruhigende Geschichte im Hintergrund von einer professionellen Sprecherin erzählt wird, untermalt mit sanfter Musik und Klängen.

Zusätzlich sind die Massageanweisungen bebildert, sodass du auch ohne sie zu lesen genau weißt, was zu tun ist. So kann dein Kind mit geschlossenen Augen die Massage im Liegen genießen und die Geschichte erleben – eine Erfahrung, die das Einschlafen erheblich erleichtert! Entdecke die Kraft der Massagegeschichten! **Verwandle eure Abendroutine mit diesen einzigartigen Massagegeschichten und schenke deinem Kind eine friedliche Nachtruhe.**

Morris Forster: Schnitzen für Kinder
55 coole Projekte mit Fotoanleitung
zur Förderung der Konzentration
und Feinmotorik, 2023.
ISBN: 978-3-982-51919-7

Mit Schnitzen die Natur erleben, rund ums Jahr!

Täglich in die Schule, Hausaufgaben machen und für die nächste Klassenarbeit büffeln. Dann noch zum Fußball, Judo oder zum Ballett. Zwischendurch noch Freunde treffen und in den sozialen Medien unterwegs sein. Aufgrund der vollgepackten Tagesabläufe und des steigenden Medienkonsums fehlen Kindern und Jugendlichen notwendige Ruhephasen. Reizüberflutung und Dauerstress können sie in ihrer Entwicklung negativ beeinflussen.

Wäre es nicht schön, Kindern und Jugendlichen ein analoges Hobby zu vermitteln? Ein traditionelles Hobby, bei dem sie einmal zur Ruhe kommen, nur bei sich sein können und ihre Verbundenheit zur Natur entdecken?

Schnitzen ist ein einzigartiges und bewährtes Hobby. Der Umgang mit dem natürlichen Werkstoff Holz und dem Taschenmesser **fördert die motorischen Fähigkeiten und die Konzentrationsleistung.** Es ist nahezu an allen Orten und zu jeder Jahreszeit möglich, egal ob drinnen oder draußen.

Bibliografische Information der Deutschen Nationalbibliothek:
Die Deutsche Nationalbibliothek verzeichnet diese Publikation
in der Deutschen Nationalbibliografie; detaillierte bibliografische
Daten sind im Internet über www.dnb.de abrufbar.

© 2025 Lukas Weber
Rohans Verlag
c/o Block Services
Stuttgarter Str. 106
70736 Fellbach
Kontakt: info@rohansverlag.de
Internetseite: www.rohansverlag.de

Umschlagabbildung und Illustrationen: Daniel Murillo
Umschlaggestaltung, Layout & Satz: Rohans Verlag
Lektorat: Diana Steinborn

ISBN: 978-3-982-58756-1 (Taschenbuch Ausgabe)
ISBN: 978-3-982-58757-8 (Gebundene Fassung)

Printed in Poland
by Amazon Fulfillment
Poland Sp. z o.o., Wrocław